CATALOGUE

DES

OUVRAGES IMPRIMÉS

DE LA

BIBLIOTHÈQUE MUNICIPALE

DE METZ

par

Aimé Schuster

Conservateur de la Bibliothèque,

Professeur de physique et de chimie à l'Ecole industrielle,

Ex professeur de physique aux Colléges de Lorient,

de Montbéliard, &c.

QUATRIÈME FASCICULE

METZ

IMPRIMERIE DE VERRONNAIS, RUE DES JARDINS, 14.

1881

CATALOGUE

DES

OUVRAGES IMPRIMÉS

DE LA

BIBLIOTHÈQUE MUNICIPALE

DE METZ

par

Aimé Schuster

Conservateur de la Bibliothèque,

Professeur de physique et de chimie à l'Ecole industrielle,

Ex professeur de physique aux Colléges de Lorient,

de Montbéliard, &c.

QUATRIÈME FASCICULE

METZ

IMPRIMERIE DE VERRONNAIS, RUE DES JARDINS, 14.

1881

TABLE DES MATIÈRES

Avis au relieur.

On devra enlever ces tables particulières à chaque fascicule et ne laisser qu'une table générale à la fin du volume.

Metz, imp. de Verronnais.

CATALOGUE

DES

OUVRAGES IMPRIMÉS RELATIFS A L'HISTOIRE DE METZ

ET DU PAYS MESSIN

SECTION IV.

Généalogies Messines.

703. La famille messine des Praillon (¹). Notice accomp.
de documents inédits — par Etienne Charavay, Ar-
chiviste-paléographe.

Paris, librairie J. Charavay, 1876. Br. in-8º tirée à 30
exemplaires.

704. Les Heu , — par le Comte F. Van der Straten-
Ponthoz (Extrait de *Metz littéraire*).

Metz, Impr. F. Blanc, 1854. Br. in-8 de 8 pp.

705. La Maison de Heu, — Manuscrit de la bibliothèque de l'Arsenal, à Paris, — et le miroir des no-
bles de Hesbaie de Jacques d'Hemricourt, — par le
comte F. Van der Straten Ponthoz.
(Extrait de l'Austrasie, revue de Metz et de Lorraine).

Metz, typ. de Rousseau-Pallez, 1859. Br. in-8 de 35 pp.

(¹) L'ouvrage intitulé. «*Maison de Raigecourt*» inscrit au No 126 du pre-
mier fascicule pourrait également trouver place dans cette section du Ca-
talogue. Même observation pour les Numéros 130, 145.

706. Les trois Ordres de la province des évêchés et du Clermontois. — Noblesse. — Assemblées politiques tenues à Metz.-1787-1788-1789. - Recherche de 1674. — Ancienne chevalerie lorraine. (*Par Van der Straten-Ponthoz*).

Metz, Rousseau-Pallez, 1863. Br. gd in-8 de 74 pp.

707. La famille de Lardemelle. Extrait de l'Armorial de la noblesse de France. — par d'Auriac.

Paris.-Imp. d'Aubusson et Kugelmann, 1855. 1 feuille in-4º.

708. Cartulaire de la maison d'Hunolstein. - Urkundenbuch für die Geschichte des Græflichen und Freiherrlichen Hauses der Vœgte von Hunolstein, — herausgegeben von Friedrich Tœpfer.

Nürnberg. In commission bei Jacob Zeizer, 1866. 2 vol. in-4º.

709. Généalogie de la maison de Briey en Lorraine et en Belgique — par Lainé.

Paris. Moquet. 1843. 1 vol. in-8º (Extr. du Neuvième Volume des Archives généalogiques et historiques de la noblesse de France.)

710. Précis historique sur la maison de Bony de Lavergne et quelques autres, — extrait de l'Annuaire historique de la noblesse française. — (Notice sur la famille des Gouschæn, dits de Goujon alliés à la branche de Lorraine de la Maison de Bony dont

ils font la souche maternelle. — Notice sur la famille des Croonders desquels les de Goujon des-
cendent par les femmes.)

Metz, Impr. de Collignon, 1837. Gr. in-8 de 74 pp.

711. La Moselle nobiliaire et héraldique ou Etat de
la noblesse de ce département au moment de sa
transformation en province lorraine....... par Alph.
Bremond.

Metz, Thomas, 1879, Br. in-8 de 48 pp.

712. Familles de Metz. — Recueil de lettres de faire
part de décès; — de mariage; — de naissance.

Recueil factice de format petit in-4. Imprimeurs divers. Cette
collection est continuée. 9 vol. in-4 au 1er janvier 1881.

Annuaires Messins.

713 L'observatrice d'Austrasie, Almanach pour l'an
de grâce 1758, exactement calculé et suputé *(sic)* sur
le Méridien de Metz par la Bergère d'Outre-Seille, Où
l'on voit les temps, les pronostications, les phases
de la lune, etc...

Metz, de l'imprimerie de Joseph Antoine. Petit in-8 de 64 pp.

714. Journal de Metz pour les années 1759, 1763. 1764,
1765, 1766, 1768, 1769, 1770.

Metz, Collignon, 1759—1770. 8 vol. in-18.

715. Journal de Metz pour l'an de grâce mil sept cent
soixante-onze.

Metz, Joseph Pierre Collignon, 1771. 1 vol. in-18.

716. Almanach de Lorraine et Barrois. Année Mil Sept
Cent Soixante-quatorze.

Nancy, Veuve Charlot, 1774, 1 vol. in-18.

717. Journal de Metz pour l'année bissextile mil Sept
Cent Soixante-seize.

Metz Jean Baptiste Collignon, 1776. 1 vol. in-18.

718. Almanach des trois évêchés pour 1783, 1785, 1786
1787, 1788, 1789, 1790.

Metz, Jean-Baptiste Collignon. 7 vol. in-18 (format très-petit)

719. Almanach des départements de la Meurthe, des
Vosges, de la Meuse et de la *Mozelle (sic)* qui se
partagent les anciennes Provinces de Lorraine
et Barrois.

Année Mil Sept Cent quatre-vingt-Onze.

Nancy, C. S. Lamort, 1791. 1 vol. in-18 (petit format.)

720. Annuaire du département de la Moselle pour l'an
VIIe de la république française (22 Sept. 1798 au 23
Sept. 1799); — pour l'an VIII (23 Sept. 1799 au 23
Sept. 1800).

Metz, Verronnais, 1798—1800. 2 vol. in-12.

721. Annuaire de la préfecture du département de la
Moselle pour
L'an IX (1800-1801),
L'an X (1801-1802),
L'an XI (1802-1803).

Metz. Verronnais, 1800-1803. 3 vol. In-18.

722. Annuaire du département de la Moselle pour l'an
XI (1802-1803) de l'ère française.

Metz, Antoine l'aîné, 1802-1803. 1 vol. In-12.

723, Annuaire de Verronnais, Imprimeur à Metz, Dép.
de la Moselle. — Deuxième édition pour l'an XII
(1803-1804).

Metz, Verronnais. 1803-1804. 1 vol. In-18.

724. Annuaire du dép. de la Moselle pour l'an XII de
l'ère française (1803-1804).

Metz, Brice Antoine. 1 vol. In-12.

725. Annuaire de Verronnais, Imprim.. à Metz, pour
l'an XIV (avec un portrait de l'Empereur).

Metz, Verronnais. 1805-1806. 1 vol. In-18.

726. Annuaires de Verronnais pour les années de grâce
1808, 1811, 1812, 1813, 1814, 1815, 1816, 1817, 1818
1819, 1820, 1821, 1822, 1823, 1824, 1825, 1826, 1827,
1828, et 1829.

Metz, Verronnais, 1807 à 1829. 20 vol. In-18.

727. Annuaire statistique et historique du département
de la Moselle par Verronnais. Années 1830 et 1831,
1834, 1835, 1836, 1837, 1838, 1839, 1840, et 1841.

Metz, Verronnais, 1830-1841. 10 vol. In-12.

728. Annuaire du département de la Moselle pour 1832 et 1833 publié par Verronnais.

Metz, Verronnais. 1832-1833. 1 vol. In-12

729. Annuaires historique, statistique, administratif, militaire, judiciaire et commercial du département de la Moselle par Verronnais. Années 1842, 1843, 1844, 1845-1846 (1 vol.), 1847, 1848, 1849, 1850-1851, (1 vol.)

Metz, Verronnais, 1842 à 1851. 8 vol. In-12.

730. Annuaire de l'Arrondissement de Metz pour 1852 publié par Verronnais père.

Metz, Verronnais, 1852. 1 vol. In-12.

731. Annuaire du département de la Moselle pour..... 1854. Contenant les fonctionnaires civils et militaires, les tribunaux... publié par Verronnais.

Metz, Verronnais, 1854. 1 vol. In-12.

732. Annuaire Astronomique, Météorologique, Statistique et Administratif pour le département de la Moselle..... par le Cte. L. E. de Chastellux..... 1855.

Metz, Rousseau-Pallez, 1855. 1 vol. In-12.

733. Annuaire administratif, industriel et commercial du départ. de la Moselle pour 1856.

Metz, Verronnais, 1856. 1 vol. In-12.

734. La Moselle administrative publiée par M. Edouard Sauer, Archiviste de la préfecture.

1re Année (1857)
2e Année (1858)
3e Année (1859)
4e Année (1860)
5e Année (1861)
6e Année (1867)
7e Année (1868)
8e Année (1869)

Metz. Alcan. — Paris, Paul Dupont. — Impr. J. Verronnais. 8 vol. In-12.

735. Annuaire du dép. de la Moselle publié par Verronnais pour 1865 et 1866.

Metz, Verronnais, 1865 et 1866. 2 vol. In-12.

736. Annuaire de la Lorraine. Jahrbuch für Lothringen herausgegeben von Georg Lang.

1re Année (1874)
2e Année (1876)
3e Année (1878)
4e Année (1880)

Metz, Deutsche Buchhandlung von Georg Lang. 4 vol. In-8

737. Adressbuch von Metz. 1 Jahrgang 1879. Nach der Städtischen Volkszählung bearbeitet. — Annuaire de Metz. Première année 1879, Dressé d'après le recensement municipal.

Metz, G. Lang, 1 vol. In-8.

Journaux, Gazettes.

738. Affiches des Trois-Évêchés. Feuille hebdomadaire. Du Samedi 30 Septembre 1769 Au Samedi 28 Décembre 1771.

A Metz, chez Joseph-Pierre Collignon, 1 vol. In-4° de 208 pages.

Précédé de :

1° Avis sur un objet très-intéress. qui va désormais faire partie des petites Affiches des Trois-Evêchés ,4 p p.

2° Recueil périodique des Arrêts du parlement de Metz. 80 p p.

739. Affiches des trois-évêchés. Feuille hebdomadaire. Du Samedi 4 Janvier 1772 (N° 1) Au Samedi 25 Décembre 1773 (N° 52)

A Metz, chez Jean-Baptiste Collignon, Imp. lib., à la bible d'or 1 vol. In-4°214 pp.

Suivies de :

Supplément aux affiches de Lorraine et des trois évêchés Contenant les notes exposées aux tableaux des Hypothèques des Baillages du ressort de la Cour. 8+58 pp.

740. Affiches, Annonces et avis divers pour les trois. évêchés et la Lorraine.

Du jeudi 6 Janvier 1774 (N° 1)

Au jeudi 28 Décembre 1775 (N° 52)

M Metz, chez Jean-Baptiste Collignon. Imp.-lib. à la bible d'or 1 vol. In-4° de 228 pp. } 450 pp.
1 vol. In-4° de 222 p p. }

(Reliés ensemble.)

741. Affiches. Annonces, et Avis divers pour les trois évêchés et la Lorraine.

Du jeud i 4 Janvier 1776 (N° 1)

Au Jeudi 25 Décembre 1777 (N° 52)

A Metz, chez J. B. Collignon , puis chez Joseph Antoine, place des Charrons, à partir du 7 Mars 1776. 1 volume. de 368 p p.

742. Affiches, Annonces et avis divers pour les trois-évéchés et la Lorraine.

Du Jeudi 1 Janvier 1778 (Nº 1) Au Jeudi 31 Décembre 1778 (Nº 53)

A Metz, chez Joseph Antoine. 1 vol. In-4 de 216 p p.

743. Affiches des Évêchés et Lorraine de 1779 à 1790.
Metz, J. Antoine. 12 vol. In-4.

744. Annales nationales et politiques *reliées avec* Affiches des Evêchés et Lorraine.
D'Avril 1790 à juin 1790.
Metz, C. Lamort. 1 vol. In-4º.

745. Affiches des Evêchés et Lorraine. —Annales nationales et politiques. — Journal du dép. de la Moselle, de la Meurthe, de la Meuse. des Ardennes et des Vosges (reliés ensemble.)
Metz, C. Lamort. 1 vol. In-4.

746. Annales nationales et politiques, du 2 Novembre 1790. au 30 Décembre 1790.
Metz, C. Lamort. 1 vol. In-4.

747. Annales nationales et politiques. Journal du dép. de la Moselle, de la Meurthe, de la Meuse, etc (reliés ensemble.)
Du 1 Janvier 1791 au 30 Juin 1791.
Metz, Lamort, 1 vol. In-4.

748. Journal des départements de la Moselle, de la Meurthe, de la Meuse, etc.

Du 6 Janvier 1791 au 2e jour des *Sanculotides*, de l'an II (1793-1794) de la république.

Metz, Lamort, 3 vol. In-4.

749. Journal des dép. de la Moselle de la Meurthe, etc
Du 5 Vendémiaire an III (1794) au 4 Complém. an IV (1796)

Metz, Lamort. Blouet, Verronnais. 1 fort vol. In-4.

750. Journal du dép. de la Moselle de la Meurthe.. etc...
Du 4 Vendémiaire an 5 (1796) au 5 Complémentaire an 12 (1804)

Metz, Blouet, Verronnais. 9 vol. In-4.

751. Journal de Metz.-Nouvelles des Armées.
Du 1er brumaire an 8 (23 oct. 1799) au 3e Complém. an (18 Sept. 1800)

Metz, Verronnais. 1 vol. In-f°

752. Journal du dép. de la Moselle, de la Meurthe, etc.
Du 5 Vend. an 13 (27 Sept. 1804) au 5 Niv. an 14 (26 Décembre 1805)

Metz, Verronnais. 1 vol. In-4.

753. Journal du dép. de la Moselle, de la Meurthe, etc.
Du 1er Janvier 1806. au 31 Décembre 1806.

Metz, Verronnais 1 vol. In-4.

754. Journal du dép. de la Moselle.
Du 5 Janvier 1807 au 28 Décembre 1825.

Metz, imprimé successivement chez Verronnais, Lamort, Antoine Dosquet. 19 vol. In-f°.

755. Affiches, Annonces et Avis divers de la ville de
Metz.

De 1813 à 1819.

Metz, Lamort 1813-1819. 7 vol. In-8.

756. L'Abeille de la Moselle.

Du 4 Janvier 1825 au 23 Décembre 1825.

Metz, Lamort. 1 vol. In-fo.

757. Courrier de la Moselle depuis Décembre 1829.

Jusqu'à...... (la publication continue)

Metz, Impr. successiv. chez S. Lamort, F. Blanc, E. Réau...
Format variable in-4, puis in-fo.

758. L'Indépendant de la Moselle, Journal politique,
industriel et agricole du département de la Moselle,
(fondé le 1er Décembre 1830, — a cessé de paraître
à la fin de 1870.)

Metz, Impr. chez P. Wittersheim à l'origine en 1830, — et
en dernier lieu chez J. Mayer. — Le format in-folio a plusieurs
fois varié.

759. Gazette de Metz, du 15 Décembre 1831 au 31 Mai
1848. — Ce journal a pris, le titre de «*Gazette de Metz
et de Lorraine*» à partir du 1er Août 1832. Cette publication a fait place en juin 1848 au *Vœu national.*

Metz, Collignon, puis Pallez et Rousseau, 1831 à 1848. 17
vol. In-fo.

760. Journal d'instruction popul. du dép... de la Moselle par M. Labastide prof. au Lycée.

Metz, Lamort, 1832-1833. In-8.

761. Utile (l') journal pop. de la Moselle (de Janvier 1833 à Janvier 1835)

Metz, Lamort, 1833. In-4 avec lithographies.

762, La Gerbe de la Moselle, journal des vrais intérêts populaires, 1834-1839.

Metz; Dosquet, (de Janvier 1834 à décembre 1839). 9 vol. In-4.

763. L'Indicateur de l'Est, journal scientifique, littéraire, commercial et industriel pour les départ. de la Moselle, Meurthe, Meuse, Vosges, Ardennes, Marne, Haut et Bas-Rhin, par E. A. Bégin.

Metz, Verronnais, 1839. In-8º Contenant les premières livraisons.

764. L'Instituteur—Recueil des actes officiels relatifs à l'instruction primaire (d'Avril 1839 à Mars 1840)

Nancy, Vincenot. in-8 — *suivi de:*

1º l'Instituteur de la Moselle. — 1ʳᵉ Année. — Avril 1840 à Novembre 1841.

2º Le Messager de la Moselle — Journal de l'instruction populaire, mémorial des maires, des agents-voyers des instituteurs. — Janvier 1842 à 1848. — A partir de cette époque ce recueil périodique a du modifier son format et devenir in-4º

Metz, Mayer Samuel, puis Ch. Dieu. 1840-1848
Les trois parties ci-dessus indiquées se suivent et se complètent. En tout 5 vol. In-8 et 1 vol. In-4.

765. Vœu national (le), Echo du pays Messin — M. Vaillant Gérant et Rédacteur en chef. — Cette publication a fait suite à la Gazette de Metz et de Lorraine et a paru sous le titre ci-dessus à partir du 1ᵉʳ Juin 1848.

Metz; Imprimerie de Pallez et Rousseau. Format in-fo.

766. Moniteur de la Moselle... journal politique et administratif (fondé le 26 Mars 1852).

Metz, Imprimerie Ch. Dieu, et V. Maline... etc 30 vol· In-f°. La publication continue.

767 Gazette de Lorraine et nouvelles d'Alsace. — Lothringer Zeitung und amtliche Nachrichten. - Editions allemande et française.

Metz, Impr. de la Gazette de Lorraine 1871-1880. Format in-folio qui s'est successivement agrandi. Ce journal a plusieurs fois modifié son titre; il s'est appelé successivement : 1° Zeitung für Deutsch-Lothringen, Amtliches Organ,- Gazette de la Lorraine allemande, Organe officiel; -- 2° Zeitung für Lothringen und amtliche Nachrichten; 3° Gazette de Lorraine; 4° Lothringer Zeitung und amtliche Nachrichten; -- 5° Gazette de Lorraine ét Nouvelles d'Alsace. -- Cette publication remonte au 20 Août 1871. Il n'y eut pas d'abord deux éditions séparées. Ce ne fut qu'à partir de 1872 qu'il y eut une édition allemande et une édition française distinctes.

Metz à la fin du XVIII° siècle et pendant la période révolutionnaire.

768. Assemblées provinciale et du Clermontois — Procès-verbal des séances tenues à Metz dans les mois de Novembre et Décembre 1787.

Metz, Veuve Antoine, 1787. In-4.

769. Cahier de l'Ordre de la noblesse du bailliage de Metz.

S. l. n. d. [Metz 1789] Br. In-8. de 16 pp.

770. Cahier de doléances, plaintes et remontrances du tiers-état de la ville de Metz remis à Monsieur Maujean, Maître-Echevin de la ville de Metz son député direct aux Etats généraux, Mr Séchehaye procureur Syndic député subrogé.

Impr. de J. B. Collignon, 1789. Br. In-8 de 27 pp.

771. Cahier de plaintes, doléances et remontrances du tiers-état du bailliage de Metz, présidé par M. le lieutenant général audit Siège.

S. l. n. d. [1789] Br. in-8 de 20 pp.

772. Projet de Mémoire en réponse à celui du Comité prétendu patriotique pour MM. des trois-Ordres de la ville de Metz.

S. l. n. d. [Metz, 1789] Br. In-8 de 27 pp.

773. Exposé de ce qui s'est passé à Metz, le 4 Août 1790 à l'occasion d'une réclamation faite à Mr Depont, intendant, au nom des soldats provinciaux.

Metz, Vve Antoine ; 1790. broch. de 10 pages in-4.

774. Fédération de la ville de Metz du 4 Mai 1790, avec la devise: «Force, Garde nationale de Metz, Union.»

Metz, Ch. Lamort. Impr. de la Garde nationale... Cet opuscule est relié avec un autre intitulé: Fédération des Vosges, le 7 Mars 1790, Epinal, Vautrin, Impr. de la Garde citoyenne. In-8 44 pp. et 45 pp.

775. Oraison funèbre des Gardes nationaux tués à l'affaire de Nancy, 1790.

S. l. in-8 de 21 p.

776. Oeuvres du comte P. L. Rœderer, pair de France
Membre de l'Institut, etc, etc, — publiées par son
fils le baron A. M. Rœderer, ancien pair de France.

Paris, Firmin Didot, 1853-1859. 8 vol. gr. in-8 avec grav.
Cet ouvrage n'a pas été mis dans le commerce, et n'a été
tiré qu'à un petit nombre d'exemplaires. Le sixième volume
contient un article intitulé : «Sociétés des amis de la cons-
titution de Paris et de Metz, 1791, 1792.» page 592.

777. Voyage dans les départ. de la France par
une Société d'artistes et de gens de lettres.

Paris, Brion, Buisson, Desenne, 1792. *(Dép. de la Moselle)*
Br. in-8. de 31 pages.

778. Avis aux Municipalités et aux Citoyens des Villes
de guerre — par Jean Duteil, ancien colonel d'artillerie.

Metz, Lamort, 1792. Br. in-8 de 18 p p.

779. Oraison funèbre de Marat — prononcée par le
citoyen Jean-Louis Dupleit, Curé de la paroisse de
Seille à un service qu'a fait célébrer dans l'Église
de St Martin, pour ce député républicain, la quatrième
Section de la ville de Metz.

Metz, Veuve Antoine et fils. S. D. In-4 de 11 p p. (1793 ?)

780. Journal des Amis, — Rédigé par une Société de
républicains * du département de la Moselle — (collection incomplète partant du N° 61, p. 245, 2 Plu-
viôse an VI et finissant au N° 90. p. 361, 30 Ventose
an VI (1798)

Metz, Impr. de Pierre Antoine, 1 vol. In-4.

---

* Voir les N°ª 168 et 169 du 1er fascicule, page 32, l'affaire du
curé de St Baudier.

781. Pièces relatives à la révolution, procès-verbaux, extraits des registres de délibération des Trois-Ordres de la ville, du Corps municipal, copies de lettres, circulaires, et publ. à Metz de 1788 à 1796.

Metz, Impr. divers, 1788-1796. Recueil factice. In-4º.

781 bis. Le Comte Emmery en 1804 par M. Jules Thilloy.

Metz, Blanc, 1867. Br. In-8 de 16 pp. (Ext. des Mém. de l'Acad. de Metz.)

Guides de l'Étranger et Voyages à Metz et aux environs.

782. Guide de l'Etranger à Metz.
par E. A. Bégin.

Nancy, Vidard et Julien, 1835. Metz, Imprimerie de Verronnais. 1 vol. in-18

Note — Sur le même sujet, on pourra consulter les travaux suivants: 1º Note sur un voyage à Metz, faite à la fin du XVIᵉ siècle, traduit du latin de Jodocus Sincerus par E. de Bouteiller (Mémoires de la Société d'Archéologie de la Moselle, Année 1860)

2º Description de Metz faite il y a Cent ans (Courrier de la Moselle du 21 Janvier 1858.)

3º Voyage dans le dép. de la Moselle en 1792. Paris, Brion 1 br. in-8 inscrite au Nº 777.

4º Panorama de Metz à vol d'oiseau par Edouard Simon, — inscrit au No 611 du 3 fascicule.

5ᵉ Notice sur Metz et ses monuments (Vœu national du 21 Octobre 1853)

6º Descript. hist. de Metz et de ses monum. par F. Blanc. Metz Lorette, 1852, inscrit au No 107 du 1ᵉʳ fascicule.

7º Etabliss. publics de Metz moderne par Barral (Courrier de la Moselle du 25 Sept. 1866.)

783. Guide de l'étranger à Metz... par E. Bégin.
Metz, Verronnais, 1834, 1 vol. in-12.

784. Guide du voyageur dans la ville de Metz et ses environs, avec statistique, notes et réflexions sur les institutions, etc...... par Auguste Terquem.
Metz, Gangel, 1854. 1 vol. in-12.

785. Guide de l'étranger dans les environs de Metz publié par F. Verronnais père.
Metz, Impr. de J. Verronnais, 1851. 1 vol. in-12.

Agriculture, Commerce, Industrie et Travaux publics.

786. Rapport de la commission nommée pour constater et exposer à la Commission d'enquête les besoins de l'Agriculture, de l'Industrie et du Commerce, dans dans le départ. de la Moselle.
Metz, S. Lamort, 1829. Br. In-8 de 44 pp.

787. Statistique agricole. — Aperçu sur le mouvem. agricole dans la Moselle en 1855, par M. Blanc.
Metz, impr. de F. Blanc, 1856. Br. in-8 de 21 pp. Extr. des Mém. de l'Ac. de Metz.

788. Statistique agricole. — Situation de l'Agriculture par J. Pelte.
Metz, F. Blanc, 1858. Br. in-8 de 21 pp.

789. Statistique agricole comparée (Essai de.) — Le Comté de Lincoln et le département de la Moselle par M. Raillard, Inspecteur général des ponts et chaussées.
Metz, F. Blanc, 1858. Br. in-8 de 64 pp. (Extr. des Mém. de l'Ac. de Metz.)

790. Comice agricole de l'arrond. de Metz. — Discours prononcé par M. Henri Maguin, président du Comice de l'arrond. de Metz au Concours de Faulquemont, le 19 Août 1866.

Metz, Impr. de F. Blanc, 1866. Br. in-8 de 8 pp.

791. Statistique agricole. — Enquéte agricole..... 12e Circonscription: Meuse, Ardennes, — Moselle, Meurthe — (par le baron de Benoist.) — Enquête agricole. Rapport à l'Empereur par Son Exc. le Ministre de l'Agriculture......

Paris, Impr. imp. 1867, 1 fort vol. in-4º et 1 brochure in-8 de 32 pp.

792. Comice Agricole. Rapport d'une Commission nommée par le Comice agricole de Thionville sur l'ouvrage intitulé: Lorraine Allemande et son Agriculture, Mémoire de Statist. agricole par *Toussaint*, Ingén. de culture attaché à la Présid. de Strasbourg, (Supplém. au Nº 30 du Moniteur de la Moselle.)

Metz, Imp. Ch. Thomas , (1876). 1 feuille , format du Journal.

793 Comice Agricole de Thionville. Dossier de l'affaire Toussaint.

Thionville, Impr. Charier, 187 7. Br. in-8 de 28 pp.

794. Prairies artificielles qu'on peut cultiver avec le plus d'avantage en France (Recherches sur les espèces de).... par F. H. Gilbert, Professeur Vétérinaire.

Metz, Behmer. l'an 4 (1796). 1 vol. in-12 de 263 pp.

795. Assolement, — Agriculture. Nouveau mode d'assolement par M. Pelte, ancien Cultivateur à la Grange-d'Envie (Moselle).

Metz, S. Lamort, 1854. Br. in-8 de 26 pp. avec plan.

796. Jachères. — Mémoire sur l'amélioration de l'Agriculture par la suppression des Jachères par M. l'abbé de Commerell, de la Société royale des Sciences et des Arts de Metz etc

Paris, Onfroy, Petit, 1788. Br. in-8. de 45 pp.

797. Eaux et forêts du départ. du duché de Bar et des Prévotés réunies aux Trois-Évêchés de Metz, Toul et Verdun (Règlement fait par Messieurs les commissaires députés par sa Majesté pour la réformation des Eaux et forêts.)

A Metz; par J. et B. Antoine, 1691. Petit In-12. de 87 pp.

798. Plantations de Bois. — Mémoire sur cette question : Quels seroient les moyens de multiplier les plantations de bois, sans trop nuire à la production des subsistances? Ouvrage qui a remporté le prix de la Société royale des Arts et des sciences de Metz en 1788, par M. de Bousmard, Capitaine au Corps royal du Génie.

Metz, Vve Antoine, 1788. Br. in-8 de 42 pp.

799. Du défrichement des forêts et du reboisement des parties incultes du sol, par M. N. Altmayer, Membre Corresp. de l'Ac. de Metz. Mémoire mentionné honorablement par l'Acad. dans sa séance du 16 Mai 1842.

Metz, S. Lamort, 1842. Br. in-8 de 35 pp.

800. Comice agricole de Metz.—Rapport de la Commis_
sion de reboisement signé: Metz, le 11 Juillet 1863. Le
Rapporteur de la Commission Lemercier, chef d'esca-
dron d'Artillerie en retraite.

Metz, F. Blanc, 1863. Br. in-8 de 14 pp.

801. Défrichement. — Faits et chiffres à propos d'un
défrichement et d'un drainage exécutés à Rémilly —
par M. Valette de Rémilly.

Metz, Blanc, 1861. Br. in-8 de 8 pp.

802. Drainage. — Mémoire sur quelques drainages exécutés dans la commune de Hinckange par M. Al. Guil-
lemard. Ouvrage couronné par l'Acad. de Metz en 1859.

Metz, F. Blanc. 1859. Br. in-8 de 19 pp. avec 3 pl. gravées
et teintées. (Extr. des Mém. de l'Académie de Metz.)

803. Germination (de la) par Belhomme (jardinier en
chef de la ville de Metz.)

Metz, Impr de Pallez et Rousseau, s. d. Br. in-8 de 6 pp.

804. Biens Communaux. — Mémoire sur les moyens
à employer pour tirer tout le parti désirable des biens
communaux, etc. par M. de Courcelles, sous préfet de
l'Arrondissement de Briey.

Metz, S. Lamort 1845. Br. in-8 de 19 pp. (Extr, des Mém.
de l'Ac. de Metz.)

805. Ferme-modèle. — Projet de Construction d'une ferme modèle; — Mémoire, devis et plans présentés au concours par M. D. Millet, Architecte à Metz, précédés du rapport de E. Simon-Favier, président de la Commission.

Metz, Blanc, 1863. Br. in-8 de 76 pp. avec plan. (Extr. des Mém. de l'Ac. de Metz.)

806. Colonie agricole et industrielle pour les Condamnés libérés et les enfants des prisonniers fondée à Rémelfing (Moselle,) par M. Appert.

Sarreguemines, Michel Weisse, 1841. Br. in-8 de 14 pp.

806 bis. Colonie de Rémelfing (Moselle) fondée par M. Appert, du conseil royal des prisons... etc.

Metz, J. Mayer Samuel, 1841. Broch., in-8 de 16 pp.

806 ter. Journal de la Colonie agricole et industrielle pour les enfants des prisonniers et des condamnés libérés fondée à Rémelfing (Moselle) par M. Appert, fondateur d'Écoles régimentaires, du Conseil royal des prisons, etc.

Paris, chez Guilbert, s. d. Broch. in-8 de 32 pp.

807. Instruction agricole — Éléments d'agriculture à l'usage des enfants des écoles primaires, adressés à MM. les instituteurs par le Comice agricole de Metz.

Metz. F. Blanc, 1864. Br. in-8 de 20 pp.

808. Instruction agricole. — Guide du garçon de cul·
ture par J. Pelte, cultivateur à la Grange d'Envie.

Metz, S. Lamort, 1841. Br. in-12 de 56 pp.

809. Instruction agricole. — Ferme école de Ste-Croix
(départ. de la Moselle.) Compte rendu du Directeur
(Jean Staub) pour l'année scolaire 1849-1850.

Metz, Impr. de Ch. Dieu et V. Maline, 1851. Br. in-8
de 54 pp.

810. Instruction agricole. — Agriculture primaire ou
la science agricole mise à la portée des enfants........
par M. Hallez D'Arros.

Metz, typogr. Verronnais. — Paris, Borrani — Metz, Warion
1858. 1 vol. in-12 de 144 p.

811. Instruction pour les Agriculteurs commençants...
par J. N. Schwerz... traduit de l'allemand par Charles
et Félix Villeroy (Avec dédicace des traducteurs à
l'Académie royale de Metz.)

Metz, Imprimerie S. Lamort, — Editeur Mme Thiel, 1830
1 vol. in-8.

812. Disette. — Mémoire et instruction sur la culture,
l'usage et les avantages de la racine de disette, par M.
l'abbé de Commerell, Corresp. de la Société royale des
sciences et des arts de Metz.

Metz, Vve Antoine et fils, 1786. Br. in-8 de 40 pp.

813, Arbres fruitiers. — Mémoire sur la culture du pêcher par P. Gruet,

Paris, Vve Huzard; Metz, Thiel et Devilly, Imprim. de Ch. Dosquet 1824. Br. in-8 de 40 pp. avec 2 planches.

814. Arbres fruitiers. (La taille des) par M. G. D. (*Gustave Dufour.*)

Metz, Verronnais, 1846. In-12 de 108 pp.

815. Arbres fruitiers. — Culture des arbres fruitiers par le baron Dufour.... 2ᵉ édition.

Metz, J. Verronnais, 1865. In-12 de 70 pp.

816. Départ. de la Moselle. Arrêté portant règlement général pour la culture du tabac en 1860.

Metz, V. Maline. 1860, suivi des arrêtés pour 1862 et pour 1863. 3 Br. in-8º de 47, 42 et 44 pp.

817. Tabac. — Notice relative à la culture du tabac dans le département de la Moselle par M. S. Dieu.

Metz, F. Blanc, 1861. Br. in-8 de 31 pp. — (Extr, des Mém. de l'Acad. de Metz.)

818. Rapport sur le choix d'un emplacement d'une manufacture des tabacs à Metz par le Général Didion. (Lu au conseil municipal dans sa séance du 14 Octobre 1864.)

Metz, Impr, F. Blanc, 1864. Broch. in-4º de 46 pp.

819. Engrais — Notice pratique sur les avantages du plâtre grossièrement moulu.... traduit de l'allem. par A. N. Weyland, professeur d'histoire à l'école Normale de la Moselle.

Metz, Impr. de Ch. Dieu, 1844. Br. in-12 de 35 pp.

820. Engrais. — Notice sur les engrais humains par S. Dieu, membre de l'Académie imp. de Metz.

Metz, Impr. de V. Maline, 1861. Br. in-8 de 43 pp.

821. Engrais. — l'Atmosphère est un engrais complet par le Docteur Félix Schneider.

Thionville, Impr. A. Gérard 1863. br. in-8 de 24 pp.

822. Distilleries agricoles du Système Kessler...... (Médaille d'or à l'exposition agricole de Paris en 1860.)

Metz, Imp. F. Blanc, 1860. — Chez Robinet aîné. Br. in-8 de 16 pp.

823. Abeilles (Mémoire sur les) par M. Bienaymé Evêque de Metz.

Metz, chez Collignon, an XII,--1803. p. in-12 de 76 pp. 2 pl.

824. Art Vétérinaire. — Mémoire sur le traitement des maladies épizootiques les plus communes dans le Dép. de la Moselle — et sur les prairies naturelles et artificielles par C. Tribout, Artiste Vétérinaire et membre de la société d'Agr. Arts et commerce du dép. de la Moselle.

Metz, Imp. de B. Antoine, 1807. Br. in-8 de 87 pp. impr. par ordre de la Société.

825. Art Vétérinaire. — Observations relatives à la Conservat. des anim. domestiq. par L. Mansuy. médecin Vétérinaire à Metz, Membre agrégé de l'Académie royale de cette ville.

Metz, Imp. Humbert, 1844. 1 vol in-12 de 129 pp.

826. Vins du pays Messin. — Mémoire couronné par la Société royale des Sciences et des Arts de la Ville de Metz dans sa séance publique du 25 Août 1769 sur cette question: quelle est la meilleur méthode de faire et de gouverner les vins du pays Messin? par M. Mathis de Metz.

Impr. de Jos. Antoine, 1769. In-8º de 60 pp. faisant partie d'un recueil factice.

827. Traité de jaugeage suivant les anciennes mesures usitées dans le département de la Moselle et selon le nouveau système métrique, par J. P. Jaunez, Ingénieur de la ville de Metz.

Metz, Collignon, 1804. In-8.

828. Vignoble messin (coup d'œil et réflexion sur le)..
par J. J. R.***

Metz, chez C. M. Brice Antoine, 1807. Br. in-8 de 27 pp.

829. Vigneron du département de la Moselle (Manuel
du) par J. P. Jaunez, Membre de la Société d'agriculture
du même département et Ingénieur de la ville de Metz.

A Metz, Collignon. 1816. 1 broch. in-8 de 97 pp.

830. Vinification (Méthode de) — Extrait des rapports
faits à la Société des belles-lettres, sciences et arts de
la ville de Metz — par M. L. Chambille, — Attestations
sur les avant-produits par la méthode de Vinification
inventée par Mlle Elisabeth Gervais.

Imprim. de Mme Hazard, Sept. 1821. Br. in-8 de 10 pp

831. Vigne (Nouveau mode de culture et d'échalasse-
ment de la).... par T. Collignon d'Ancy, Membre du
Comice agricole de Metz. *

Metz, Warion libraire-éditeur, typog. de Dembour et Gangel, s. d. 1 vol. In-8.

* N. Sur la Viticulture, on trouvera un certain nombre d'articles dans les mémoires de l'Académie de Metz. On fera bien de
consulter, à cet effet, les tables de M. Thilloy p. 295,296 et
297, où l'on donne la liste des travaux de MM. Abel, André,
Ch. Bouchotte, Emilien Bouchotte, Collignon, Cuny, et Isid.
Didion , de 1819 à 1871. Nous citerons en particulier le
travail suivant: Tableau synoptique indiquant l'époque de l'ouver-
ture des Vendanges dans quarante communes de l'arrondissement
de Metz, depuis 1790 jusqu'à 1862 inclus, par M. Aimé Cuny;
Travail couronné par l'Académie de Metz, inséré dans le volume
de ses Mémoires, année 1862-63, et précédé d'un rapport
par M. André.

832. Vigne dans le département de la Moselle (Histoire de la) par Ch. Abel.

Courrier de la Moselle, Nos des 23, 30 Mai et 6 Juin 1854.

833. Vins du pays Messin (Les) par André.

Courrier de la Moselle, Numéro de 8 Avril 1856.

834. Vigne dans le département de la Moselle (Etude sur la) par Ch. Abel, Docteur en droit, Député, etc,

Metz, F. Blanc. 1862. Broch. in-8 de 30 pp., extr. des Mémoires de l'Académie de Metz, 1861-62.

835. Vigne (Culture de la) et fabrication du vin dans le département de la Moselle — par le Bon Dufour — Propriétaire à la Ronde, près Metz. Deuxième édition.

Metz, Jules Verronnais, 1863. Br. in-12 de 94 pp.

836. Les vignobles de la Moselle et les nuages artificiels par M. Ch. Abel, Docteur en droit, député au Parlement.

Nancy, Réau, 1873. Br. in-8 de 50 pp. (Extr. des Mém. de l'académie de Metz, Année 1872-73)

837. Vins de la Lorraine française (les) et leurs débouchés, en présence du traité de commerce, du vinage et des droits *ad-valorem*, signé: le 25 Juin 1877, Jaxel.

Pont-à-Mousson, Ory, 1877. Br. in-8 de 26 pp.

838. Dialogue concernant le colportage des marchandises en général et celui qui s'est exercé jusqu'à présent dans la ville de Metz en particulier. Lu par l'Auteur à la Séance publique de la Société royale des Sciences et Arts de cette ville, le 25 Août 1783.

A Metz, J. B. Collignon, 1783. Broch. in-8 de 46 pp. faisant partie d'un recueil factice.

838 bis. Observations sur les intérêts des Trois-évêchés et de la Lorraine relativement au reculement des barrières des Traités.

S. l. n. d. Br. de 24 pp. in-12 suivie de: Question d'économie politique par M. Rœderer conseiller au parlement de Metz: *En quoi consiste la prospérité d'un pays.* Br. de 11 pp in-12.

839. Réflexions sur la nécessité d'établir des entrepôts sur tous les points principaux de la France et particulièrement à Metz — par P. J. Chedeaux, Négociant... Président de la Chambre de Commerce de Metz.

Paris, Impr. d'Ant. Bailleul, 1819. Br. in-8 de 23 pp.

840. Quelques mots en réponse au mémoire de M. Bouchotte sur la taxe du pain — (signé, Villemin, syndic [des boulangers,] Audin, Marchand, Pierné)

Metz, impr. de Ch. Dosquet, S. d. Broch. in-8 de 20 pp.

841. Emile Bouchotte. — Recherches sur le prix des blés dans la Moselle.

Metz, Blanc, 1856. In-8° Extr. des Mém. de l'Acad. de Metz, année 1855-56. Broch. de 22 pp. avec 4 pl.

842. Le Régulateur des Marchés dans le départ. de la Moselle..

Metz, Pierret, an X. In-18 br.

843. Chambre de commerce de Metz. — Rapport sur les travaux du Conseil général de l'agriculture, des manufactures et du commerce (Session de 1850) — par Emile Bouchotte.

Metz, Lamort, 1850. Br. in-8 de 41 pp.

844. Chambre de commerce de Metz. — Projet de loi relatif aux caisses de retraites pour la vieillesse.

Metz, impr. de S. Lamort 1850. Br. in-8 de 16 pp.

845. Chambre de Commerce de Metz. — Rapport des Ouvriers délégués à l'exposition univers. de Londres

Metz, Impr. S. Lamort, 1851. Br. in 8 de 22 pp.

846. Chambre de commerce de Metz. — Extrait du Procès-Verbal de la séance d'installation des nouveaux membres de la chambre de comm. de Metz.

Metz, Impr. de F. Blanc, 1861, Br. in-8 de 36 pp. — id. 1855 de 12 pp.

847. Tribunal de commerce de Metz. — Audience d'installation de M. le président Sylvain Sturel, de M. M. Worms, Bompard, George et Gautier Juges... 12 Août 1863.

Metz, Impr. F. Blanc, 1863. Br. in-8 de 15 pp.

848. Prospectus et Notice sur les Houillères de Hargarten-aux Mines et environnantes. (C. Robin ingénieur.)

Metz, P. Wittersheim, Jean Kopp, Jean-Pierre Saladin. Br. in 8 de 22 pp.

849. Actes d'association de la compagnie des Mines de houille de Schœnecken.

Metz, Ch. Dosquet, 1822. Br. in-8 de 18 pp.

849 bis. Notice sur les gisements houillers et les travaux des Mines de Schœnecken, dép. de la Moselle ;

Paris, Imp. d'H. Tilliard, S. d. Br. in-8 de 12 pp.

850. Plan des exploitations houillères et concessions de Styring, Forbach, du Hochwald, de la Compagnie Mony et Pereire, de la Compagnie houillère de la Mo selle, de la Houve, de Falk.

Carte collée sur toile.

851. Notice sur divers terrains superposés au terrain houiller et sur les principaux faits concernant les travaux entrepris jusqu'à ce jour dans le bassin — par J. Lévy, Ingénieur directeur des travaux de la compagnie houillère de la Moselle.

St. Etienne, Théolier, 1859, Br. in-8 de 55 pp. avec 3 planches.

852. L'industrie Messine au XIVe siècle — Discours de M. Emm. Michel, président de l'Académie de Metz à la Séance annuelle du 20 Mai 1849.

Metz, S. Lamort, 1849. Br. in-8 de 20 pp. extr. des Mém. de l'Acad. de Metz.

853. Rapport sur l'industrie de la Moselle présenté par M. Jacquot Ingénieur des mines, rapporteur du comité de Metz pour l'exposition universelle, suivi du procès-verbal de la Séance solennelle de distribution des médailles......

Metz, V. Maline, 1856. Br. in-8 de 32 pp.

854. Quelques réflexions sur la filature du lin communiquées à M. le Préfet de la Moselle le 19 Juillet et lues à l'Assemblée de la société d'Agriculture, Sciences et Arts de ce département le 10 Août 1810 par le colonel D...... membre de la Société.

Metz , C. M. B. Antoine S. d. Br. in-8 de 43 pp.

855. Mémoire sur les scieries de M. de Nicéville à Metz et rapport sur le mémoire de M. Grouvelle — par M. Gosselin, capit. du génie.

Metz, Lamort, 1832. Br. in-8 de 52 pp.

856. Rapport sur des perfectionnements ajoutés par M. Léonard, charron mécanicien de Courcelles-Chaussy à une machine mue à bras et destinée à battre les grains — par M. Gosselin capitaine du génie.

Metz, Lamort 1833. Br. de 27 pp. extr. des Mém. de l'Acad. de Metz.

857. Verres et Cristaux. — Cristalleries de Saint Louis par L. Duverry.

Vœu national, Nᵒ du 26 Août 1855. (Extr. du Monde industriel.)

858. Programme pour une nouvelle société d'éclairage au gaz de la ville de Metz à partir du 1ᵉʳ Janvier 1875. Communication faite au conseil municipal, le 21 Mars 1870, [par le Mercier-Mousseaux]

Metz, V. Maline, 1870. Br. in-8 de 8 pp.

859. Visite à l'exposition de Metz par M. Tresca.

Paris P. A. Bourdier et Cie, 1861. Br. in-8 de 20 pp. extraite des annales du conservatoire impérial des arts et métiers.

860. La Moselle à l'exposition universelle de 1867.

Metz, F. Blanc. Br. in-8 de 95 pp.

861. Pantz, Entrepreneur de Serrurerie et ferronnerie à Metz. Seize planches de modèles gravées.

Metz, lith. Dembourg et Gangel, S. d.

862. Roues verticales à aubes courbes mues par dessous (Analyse du Mémoire de M. Poncelet sur les), — par Bergery.

Metz, Lamort, 1825. Br. in-8 de 19 pp. extr. des Mém. de l'Acad. de Metz. Au même sujet se rattache:

Roues hydrauliques à la Poncelet (Rapport sur le mémoire de M. Grouvelle relatif aux), — par Gosselin.

Année 1831-32 des Mém. de l'Acad. de Metz.

863. Roues hydrauliques à aubes courbes de M. le général Poncelet (Étude sur le tracé des), par le général Didion.

Paris, Impr. nationale, 1870. (Extr. des Mém. présentés par divers savants à l'institut de France.) Br in-4_0 de 96 pp. et 5 planches.

864. Notice sur l'emploi de l'air comprimé au fonçage des piles et culées du pont de Kehl sur le Rhin par M. C. Maréchal (*de Metz*) Ingénieur civil, chef du Service du matériel aux travaux du pont du Rhin. *

Paris et Liége, C. Noblet, éditeur, 1861. Br. in-8 de 46 pp

Distribution d'eau dans la Ville de Metz.

865. Projet réduit (de distribution d'eau dans la ville de Metz, — *signé Hubert*)

Metz, Février 1842. Cahier lithographié in-fo de 7 pp.

---

* N. Voir le No 385: Principaux ponts de Metz au Moyen Age par Raillard, Insp. général des ponts et chaussées, (Mém de l'Acad. de Metz, Année 1863-65)

866. Résumé des motifs à l'appui du projet d'éléva-
tion des eaux par M. de Pontbriant.

Cahier lithog. in-fo de 12 pp.

867. Projet de distribution d'eau. — Rapport fait au
Conseil Municipal par la commission des Usines et des
eaux sur les Projets présentés pour une Distribution d'eau de la Moselle dans la ville de Metz.

S. Lamort, Imprimeur de la ville. 1844. Br. in-4 suivie de :

1. Projet de distribution d'eau. — Rapport au
Conseil municipal dans sa séance du 29 janvier 1853,
par M. Vander-Noot, Ingénieur de la ville.

Metz, typ. S. Lamort, Br. in-4.

2. Projet de distrib. d'eau. — Rapport fait au conseil
municipal, dans les séances des 18-25 novembre et 2
décembre 1864. — par M. Vander-Noot, Ingénieur de
la ville.

Metz, typ. F. Blanc, 1854, in-4.

3. Avis motivé et propos. de l'admin. municip. sur
les projets présentés par M. Vander-Noot pour la distribution d'eau et la reconstruction des usines. —
Mémoire lu au conseil municipal dans les Séances des
19 et 21 Avril 1855, — par M. Philippe - Félix
Maréchal, Maire de Metz,

Metz. F. Blanc, 1855. 4 Broch. in-4° de 132, 96, 118 et 105
pp. réunies en un volume.

868. Mémoires sur la distribution d'eau et la reconstruction des usines—lus au Conseil municipal de Metz (*par Van-der-Noot*).

Metz, Blanc, 1854. 1re partie 118 pp. in-4°; 2e pie 105 pp. avec un plan du Tracé de la galerie de dérivation des Sources de Gorze

Note. — Consulter sur le même sujet les travaux suivants :

1° Notice historique sur le réservoir des Récollets; (Courrier de la Moselle du 20 Août 1864.)

2o Notice sur les eaux de la ville de Metz, par M. E. Grellois. (Mémoires de l'Académie de Metz, 1869-70, p. 235.)

3o Les Sources de Gorze et les Romains (Moniteur de la Moselle du 23 Août 1865).

4° Mémoires de l'Acad. de Metz. Années 1837-38, 1841-42, 1843 44, 1858-59.

Curage de la Seille.

869. Renseignements sur le curage de la rivière de Seille dans le départ. de la Moselle par M. de Saint-Martin.

Br. in-f° lithog. de 39 pages. (avec un plan.)

Imprimerie ou typographie.

870. Une restitution bibliographique pour servir à l'histoire de l'imprimerie Mussipontaine par E. Ory, imprimeur, Directeur-gérant du Patriote mussipontain, etc....

Pont-à-Mousson, Imp. Eug. Ory, 1878. Br. gᵈ in-8 de 87 pp.

871. Essai philologique sur les commencements de la typographie à Metz et sur les imprimeurs de cette ville [*G. F. Teissier.*

Metz, Ch. Dosquet 1828. 1 volume in-8.

A cette partie du Catologue se rattachent aussi les Articles suivants:

1o Rapport sur l'ouvrage de M. Beaupré intitulé : Commencement, de l'imprimerie en Lorraine par Gerson Lévy (Mémoires de l'Acad. de Metz, Année 1845-46.)

2o De la corporation des imprimeurs-libraires de la ville de Metz, par de Chanteau. (Mémoires de la Société d'Archéologie de la Moselle Année 1866).

872. Histoire résumée de l'imprimerie dans la ville de Metz depuis l'introduction de cet Art jusqu'au XIXe siècle, 1482-1800, par Chabert.

Metz, impr. et lith. de Nouvian, S. d. 7.pages in-4o dans un recueil factice.

Télégraphie électrique.

873. Rapport à l'Académie de Metz sur le télégraphe électrique de MM. Schiavetti et Belliéni — par M. E. de Saulcy, ancien élève de l'école polytechnique, Lieutenant de vaisseau, membre de l'Académie de Metz.

Metz, Mayer-Samuel, 1849. Br. in-8 de 14 pp.

Ce rapport a paru aussi dans les Mémoires de l'Académie de Metz, Année 1849-50, page 295.

METZ, IMP. VERRONNAIS.

9 7820 1 3 4 0 5 9 0 4